8° R Pièce
14964

e Courage
de la Femme

CONFÉRENCE DONNÉE PAR

M. L'ABBÉ J. B. PRUD'HOMME

DOCTEUR EN THÉOLOGIE

à la Fête Noëliste
organisée par le Comité de Firminy

Le 30 Mai 1920

Prix : 1 franc.

CHEZ L'AUTEUR : 4, RUE DE L'HOPITAL

FIRMINY (Loire).

Édition de *L'Idéale Jeunesse.* " LES LAURIÈRES "
à **BIARS (Lot)**

Le Courage de la Femme

BIBLIOTHÈQUE NATIONALE

Au lendemain de la prodigieuse épopée qui nous a permis d'admirer, pendant près de cinq ans, sur les champs de bataille et à l'arrière, tous les genres d'héroïsme, qui a fait du courage devant la mort surtout la vertu presque commune de tous les soldats de la grande guerre, est-il vraiment opportun de parler encore du courage ? Parmi les vertus qui nous manquent et dont la guerre a fait plus particulièrement sentir le besoin, n'aurions-nous pas pu faire un choix plus heureux ? Peut-être ! Je dois cependant vous dire que de sérieuses raisons ont motivé ce choix. C'est un fait assez souvent observé que l'imminence du danger décuple les énergies de l'homme et les fait se tendre pour le plus magnifique effort. On peut donc, à cause de cela même, être, en face de la mort, sur un champ de bataille, un grand héros ; il n'est pas certain que devant la vie on pousse toujours aussi loin l'héroïsme. Nos soldats qui n'ont pas tremblé sous les obus manquent de courage devant le devoir quotidien, et nous leur ressemblons. Nous pouvons être à la fois des héros aux heures tragiques et des pusillanimes dans le train ordinaire de la vie. Notre race, nous le savons, est coutumière de ces contrastes. Ce n'est pas toujours impunément qu'elle peut se les permettre. Nous sommes à une époque où nous n'avons pas le droit de courir ce risque. Si nous voulons maintenant ne pas perdre les fruits d'une victoire que nous avons si chèrement achetée, avec tant de sang et tant de larmes, il faut que notre courage devant la vie ressemble à celui de nos soldats en face de la mort. Jeunes filles, femmes de demain, cette forme de courage est plus particulièrement votre lot.

C'est à vous-mêmes d'abord que cette énergie rendra service, car tous les jours dans votre vie vous aurez à y recourir ; c'est à vos fils ensuite qu'il conviendra de l'enseigner. Est-il besoin d'ajouter que vous n'y pourrez parvenir efficacement que par l'exemple ?

C'est sous les auspices du Noël que je me place encore aujourd'hui pour faire entendre cette grave leçon. Parlant de cette œuvre, son Eminence le cardinal Maurin dit qu'elle est appelée à rendre d'éminents services à la cause catholique. Et sa Sainteté Benoît XV, dans le bref qu'elle vient d'adresser aux Noélistes du monde, à l'occasion du jubilé de l'œuvre, n'a pas craint de déclarer que le Noël est de tous points recommandable, et elle ajoute « qu'elle-même n'a rien tant à cœur que de voir cette institution prendre tous les jours de plus grands accroissements. » Ces paroles si nettement élogieuses du Souverain Pontife et de notre archevêque n'ont pas besoin d'être commentées. Vous pouvez à bon droit les considérer comme l'octroi de vrais titres de noblesse. J'entends bien cependant que la distinction flatteuse dont vous êtes l'objet n'est pas faite pour vous donner de l'orgueil mais pour vous inspirer un sentiment plus juste de vos devoirs. C'est le moment de vous souvenir que noblesse oblige et que vous devez être les premières, parmi les femmes de France, à pratiquer toutes les formes de courage.

Mon intention dans cette conférence est de vous parler de trois de ces formes que je regarde comme les plus importantes et comprenant plus ou moins toutes les autres. De quelle manière il faut que nous concevions le courage religieux, le courage social et le courage devant la vie, et en quelles circonstances variées il est nécessaire de déployer les qualités que ces formes diverses supposent, c'est ce que j'ai entrepris de vous dire. L'ambition que vous avez toutes d'apporter à la restauration de notre pays votre part d'effort et votre naturelle indulgence vous feront me pardonner l'austérité d'un tel sujet. Je crois d'ailleurs l'heure trop grave pour la consacrer à de simples divertissements.

I.

C'est surtout parmi les hommes que le respect humain fait un grand nombre de victimes. Vous, femmes, jeunes filles, et c'est à votre louange, vous acceptez moins facilement de vous soumettre à cet esclavage. Vous ne rougissez pas de passer pour croyantes. Vous ne pensez pas que c'est vous diminuer que de pratiquer ouvertement votre foi. Et vous ne songez pas plus à vous cacher qu'à mettre de l'ostentation dans l'accomplissement de vos devoirs de chrétiennes.

Si tout ce que je viens de dire est vrai, est-il bien à propos de vous inviter à faire preuve de courage religieux ? J'aurais tort si vous ne vous rendiez pas vous-mêmes coupables d'une de ces contradictions de conduite qui ne sont pas le moindre défaut de votre caractère. On ne peut pas vous reprocher de manquer de fermeté dans l'affirmation de vos croyances, on pourrait peut-être s'étonner de ne pas vous voir accepter aussi facilement toutes les conséquences naturelles que cette attitude loyale devrait entraîner.

Ce n'est pas toujours sous l'angle de la foi que vous jugez les événements. Votre sensibilité, qui vous rend tant de services dans d'autres domaines, vous aveugle ici. Vous ne faites pas à Dieu le crédit auquel il a droit. C'est trop souvent que l'on vous entend dire : « Comme j'agirais plus sagement si j'étais le bon Dieu. » Si ce ne sont pas à tout à fait vos propres expressions, avouez que c'en est le sens exact. Oh ! la naïve et ridicule prétention qui vous fait croire que le bon Dieu n'agit pas bien, et que vous conduiriez mieux les choses si vous étiez à sa place... Laissez-moi soumettre à vos réflexions ces paroles de Bossuet : « ... A l'égard des choses divines, quelque soin que nous apportions à les pénétrer, et avec quelque considération que nous balancions, pour ainsi dire, notre jugement, nous sommes toujours téméraires ou précipités, lorsque nous espérons connaître, ou que nous osons juger par nous-mêmes. Pour connaître les choses de Dieu il faut que Dieu nous enseigne, et forme lui-même notre jugement. » Et un peu plus loin le grand orateur ajoute : « Que si Dieu est si fort au-dessus de nous, ne s'ensuit-il pas aussi qu'il ne pense pas comme nous, qu'il ne résout pas comme nous ? Mais plutôt, comme il dit lui-même par son prophète Isaïe : « Mes pensées ne sont pas vos pensées et mes voies ne sont pas vos voies ; car autant que le ciel est élevé par dessus la terre, autant sont élevés mes conseils au-dessus de vos conseils, et mes voies au-dessus de vos voies. » Voilà des considérations, n'est-il pas vrai, éminemment propres, à nous rendre un peu plus humbles. Non, ne croyons pas si vite que nous serions plus sages que Dieu.

Par une autre contradiction assez inexplicable on en voit parmi vous qui refusent leur participation à des œuvres franchement catholiques. On dirait, à les entendre, que le caractère religieux de ces œuvres est trop accentué et qu'il serait mieux qu'elles fussent simplement neutres. C'est de la même erreur de jugement que je viens de signaler que procède cette attitude. Ici encore quand vous raisonnez de la sorte, vous vous croyez plus sages que vos chefs hiérarchiques, le Pape et les Evêques. C'est un rôle déjà bien ingrat que celui de gouverner, ne le rendez pas plus difficile par vos marchandages d'obéissance.

Quelques-unes prennent le masque de l'humilité pour refuser leur collaboration. On les entend dire : « D'autres sont plus qualifiées que moi et réussiront mieux. Il serait plus avantageux de solliciter leur concours. » Mais l'Eglise a besoin de tous les concours. Aucun n'est superflu, Dieu a voulu nous associer tous à son œuvre. Dans l'ordre du salut nous sommes tous solidaires. Et il se peut que si certaines âmes n'arrivent pas à la foi, ce soit précisément par votre faute. Estimez-vous que vous n'encourez pas dès lors une grande responsabilité que le faux prétexte que vous invoquez ne fera qu'aggraver au lieu de la rendre plus légère ? Personne sans doute n'a le droit de se croiré nécessaire mais tous doivent avoir l'ambition de se rendre utiles.

Certains préjugés exercent sur vous trop d'empire, celui-ci, par exemple, qu'il faut bien être de son temps. Vous avez plus que l'homme peur qu'on pense de vous que « vous n'êtes pas assez dans le train ». Que de sottises s'abritent derrière cette formule et que de fautes elle fait commettre ! Quelle contenance serait la nôtre dans un salon si nous avions l'ingénuité d'avouer que nous n'avons pas lu le dernier roman à la mode ou la pièce de théâtre qui fait courir tous les snobs et les badauds ? Le monde évolue, dit-on, il faut le suivre. Ce qui aurait effarouché nos aïeules nous fait simplement sourire. Il faut suivre son époque, je vous l'accorde, mais quand elle marque un progrès, non quand elle esquisse un mouvement de recul. Le devoir dans cette seconde hypothèse, c'est de s'opposer de toutes ses forces à ce retour en arrière : et c'est dans cette résistance à la poussée stupide que consiste une part du courage religieux.

Vous pourriez toutes répondre comme Jules Janin à un ami qui s'étonnait de voir appendu au mur de la chambre du célèbre critique un crucifix : « Je ne veux pas, quand j'en aurai besoin, qu'on l'aille chercher chez ma concierge. » Il n'est pas sûr que vous ayez toutes assez de courage pour mettre chez vous le crucifix à la place d'honneur, dans la pièce où vous disposez ce que vous avez de plus précieux. A la remarque qu'on leur en fait, certaines maîtresses de maison répondent avec une aimable candeur : « Mais nous recevons toute espèce de monde. » Et d'abord, vous avez tort de recevoir n'importe qui chez vous. Et à supposer que vous soyez parfois contraintes de recevoir des mécréants, ceux-là ne connaissent-ils pas d'avance vos opinions, vos sentiments ? Croyez-vous qu'ils vous estimeront mieux quand ils auront constaté que vous cherchez à dissimuler votre foi ? Moi, je pense le contraire. On n'apprécie guère les gens qui mettent leur drapeau dans leur poche. S'il n'est pas opportun de l'agiter sans cesse sous les yeux de ses visiteurs, il n'est pas davantage séant de le tenir soigneusement enroulé. Dans le premier cas, ce pourrait être une maladresse, dans le second, c'est un défaut de courage.

Il y a une autre tyrannie que bien peu, même parmi les meilleures, ont le courage de secouer, c'est celle de la mode. Je sais que le monde n'est pas un couvent, et je ne vous demande pas de revêtir le costume austère d'une Clarisse ou d'une Fille de la Charité. Tous les peuples, sans distinction de civilisation ou de religion, ont accepté que la femme soit parée. Ils ont reconnu implicitement qu'en le faisant, la femme obéit à un instinct, à une loi de nature. « La femme, parure de l'homme, ainsi que l'écrit un moraliste de notre temps, a le droit d'être belle. » Et s'il serait sans doute souhaitable que chaque femme pût dire, comme Cyrano : « Moi, c'est moralement que j'ai mes élégances... » il y aurait cependant de l'exagération à lui demander de renoncer du même coup à toutes les autres élégances. Puisque le Créateur qui a bien fait tout ce qu'il a fait, s'est plu à faire de la femme comme une sorte de chef-d'œuvre de la beauté, ce serait presque un crime de contraindre cette dernière à sacrifier ce chef-d'œuvre par une mise trop sévère. Il faut se vêtir, ainsi qu'on doit faire toutes choses, avec le sentiment de l'harmonie, en obéissant aux lois générales de la nature, de la vie, et de l'art.

Je ne suis pas, Mesdemoiselles, un moraliste chagrin, je sais que le christianisme n'est pas un ennemi de la beauté. Je sais trop tout ce que les papes ont fait pour l'art, j'ai pu admirer dans les musées du Vatican toutes les œuvres qu'ils ont encouragées et que des artistes de génie ont exécutées d'après les ordres qu'ils en recevaient. A cause de tout cela je soutiens que le désir de plaire est chose légitime et louable. C'est donc votre droit de vous habiller avec élégance, avec distinction. Il y a un art du costume qui respecte les lois de la beauté et de la morale. C'est une erreur de croire que ces choses s'excluent. Il serait plus juste de dire que l'art véritable ne peut pas violer les règles de la morale.

Après tout ce que je viens de dire on serait mal venu de me prendre pour un rigoriste. Je n'en aurai donc que plus de droit pour vous mettre en garde contre certaines modes qui ne sont lancées par nos ennemis que dans un but de trop claire sensualité. C'est une façon indirecte pour eux de tuer la foi dans les âmes. Le chemin des sens est très sûr et aboutit toujours. Voulez-vous vous rendre complices de cette œuvre de démoralisation et, du même coup, de déchristianisation ?... Non, certes. Ayez donc le courage de résister à cette invasion de paganisme et d'immoralité.

C'est enfin à l'engouement de certaines danses exotiques que je vous conseille d'opposer une intransigeance absolue. En les condamnant comme ils l'ont fait, avec la plus grande fermeté, nos évêques n'ont pas voulu proscrire l'art de la danse, mais un art que l'on était en train d'avilir. Cet art exprime « le goût de la raison, le sentiment des harmonies cosmiques, il embellit le corps de l'homme, il habitue la jeunesse aux belles attitudes et aux démarches logiques, il féconde et discipline les autres arts. » Mais un tel art, vous le pensez bien, claire émanation du génie français et qui mérite qu'on le conserve, n'a rien de commun avec ces trémoussements que nous avons pris aux bouviers de l'Argentine et à d'autres demi-sauvages aussi peu qualifiés en fait d'esthétique et de bienséance. Il n'a pu s'introduire chez nous qu'à la faveur de la mode dont le pouvoir si discrédité est encore si souverain sur le plus grand nombre. La peur d'être traitées de prudes vous amène aux plus honteuses capitulations de conscience, car il n'est pas possible d'exécuter certaines danses, que je ne nomme pas, mais dont le nom est sur toutes les lèvres, sans éprouver quelques remords. Le courage consistera pour vous à refuser énergiquement et sous aucun prétexte de prendre part à ces danses. Et en ce domaine encore, Mesdames, Mesdemoiselles, je vous demande de ne pas vous ériger en juges. Ne me dites pas que ces danses n'ont sur vous aucun effet funeste, vous me laisseriez croire que le sens de la délicatesse est bien émoussé dans vos âmes. Le moindre danger de ces divertissements c'est de vous faire glisser peu à peu vers un matérialisme qui flétrira tout ce que vous portiez en vous de noblesse, de pureté et d'idéal.

II.

Moins mêlées que l'homme à la vie publique, je suis obligé de reconnaître qu'à cause de cela le courage social vous est moins qu'à lui nécessaire. Faut-il regretter qu'on ne vous ait pas fait dans la conduite des affaires une place plus grande ? Nettement opposé à ce féminisme qui rêve pour leur plus grand dommage de la confusion absolue des sexes, je réponds sans hésiter : non. Vous ne seriez pas à votre place dans l'arène politique. Vos qualités comme vos défauts doivent vous en tenir éloignées. Restons dans l'ordre de nos destinations providentielles. Vous n'avez pas plus été créées pour les travaux de force que pour les luttes du forum. C'est dans le foyer que vous devez jouer le meilleur de votre rôle. Et qui pourra dire quelle perte ce serait pour l'enfant, pour le mari, pour le bonheur et la paix de tous si vous veniez à déserter ce sanctuaire auguste où vous êtes reine et prêtresse pour aller prendre votre part des luttes si souvent stériles de la politique. A chaque sexe ses fonctions bien diverses. La paix sociale est à ce prix.

Sans prendre aux affaires publiques la part directe que je vous refuse, non parce que je vous en crois incapables — j'ai même en des circonstances analogues à celles-ci proclamé avec assez de force l'inébranlable confiance que votre robuste bon sens m'inspirait, et je n'ai rien à retirer de ce que j'ai dit avec tant d'assurance — mais parce que j'incline à penser que vous devez vous consacrer à d'autres tâches pour lesquelles vous êtes irremplaçables, vous avez cependant, même dans la conduite des affaires, un rôle à jouer. Pour être plus modeste que celui de l'homme, ce rôle n'en est pas moins de la plus haute importance, et je souhaite ardemment que vous le preniez au sérieux. Il ne vous est pas permis de rester étrangères au mouvement social qui s'accomplit sous vos yeux. Il est si considérable qu'il tend à modifier de fond en comble les conditions générales de la vie. Si vos maris, vos fils ou vos frères s'intéressent déjà aux questions sociales, tant mieux, votre mission sera plus facile et vous n'aurez qu'à leur prodiguer vos encouragements. Dans le cas contraire votre devoir serait de les orienter vers ces études, de leur en communiquer le goût. Ceux qui ont le souci de l'avenir et qui ne veulent pas laisser aux dangereux utopistes du socialisme révolutionnaire le soin de le préparer seuls, doivent, en une heure comme la nôtre qui peut être si décisive, s'arracher à l'égoïsme de classe et chercher à donner au problème social la solution la plus juste et la plus conforme aux intérêts de toute la collectivité.

Si le bolchevisme est une doctrine sociale monstrueuse dont la mise en pratique ramènerait en un seul jour dans le monde plus d'injustices et de misères que la civilisation n'en a jusque là fait disparaître. — l'expérience russe est là pour nous donner trop parfaitement raison — il ne s'ensuit cependant pas que le statut social actuel en ce qui regarde les rapports du capital et du travail, soit la dernière forme du progrès humain. Il y a des principes de justice sociale qui sont fondés sur le décalogue. Nous ne pouvons pas permettre qu'on y touche. L'autorité sous laquelle ils s'abritent est trop haute. Et l'humanité a toujours souffert quand elle a voulu s'en écarter. Il y a d'autres principes que l'expérience des siècles a consacrés. Il faut les respecter, sous peine de refaire dans le sang et les ruines, et sans profit aucun, les étapes déjà parcourues. Ce sont ces divers principes qui serviront de base à notre doctrine sociale. Contenue par eux, quoique résolument réaliste et progressive, cette doctrine ne pourra évoluer que dans le sens de la justice.

C'est au nom de ces principes que nous déclarons la propriété individuelle intangible. Nous sommes les adversaires irréductibles du communisme, parce qu'il viole le droit naturel, parce qu'il est contraire à l'un de nos instincts les plus profonds et les plus invariables, et enfin parce qu'il paralyserait tout effort et par conséquent tout progrès, en supprimant la concurrence qui en est l'âme et qui n'a comme stimulant que la propriété individuelle. Nous n'en sommes que plus à l'aise pour soutenir que l'ouvrier a droit au fruit de son travail, qu'il lui faut un juste salaire, ce qui signifie que ce salaire doit être établi non pas seulement « en considération de son travail, mais de sa fonction sociale et des charges qu'elle impose. » C'est au nom de la justice stricte que nous réclamons le sursalaire familial. L'ouvrier doit-il en outre être admis à participer aux bénéfices de l'entreprise ? Cette question est plus délicate. La participation aux bénéfices pourrait entraîner la participation aux risques qui ne serait pas du goût de tous. Le droit à la retraite accordé aux ouvriers constitue dans une certaine mesure cette participation aux bénéfices. Automatiquement, ces bénéfices s'accumulent et ils lui seront restitués à un moment déterminé sous la forme d'une rente qui le mettra à l'abri du besoin. Quoiqu'il en soit, cette question doit être étudiée dans l'esprit le plus large, en tenant compte des exigences de l'industrie.

Il ne faut pas oublier que des capitaux considérables sont nécessaires à la marche des grandes industries modernes. Sans capitaux, le travail est voué à l'impuissance. Ne perdons pas non plus de vue que le capital est le fruit de l'économie, qu'il est du travail converti en argent et doué du pouvoir d'exercer une action sous une autre forme. Il est donc juste que ce capital soit rémunéré. N'est-il pas toujours exposé aux risques de l'entreprise ? Qui accepterait de ne courir que des risques sans aucune compensation ?... Mais nous ne sommes point obligés de confondre ce capital qui exige une honnête rémunération, avec celui que détiennent certains grands forbans de la finance internationale. Contre ceux-là nous demandons que des mesures sévères soient prises et, du même coup, que la petite épargne soit protégée.

Est-ce que ne pourrait pas être créé un office national de surveillance de toutes les valeurs introduites à la Bourse ? On verrait alors moins souvent émettre ces titres de sociétés dont les entreprises pleines de promesses n'ont jamais existé que sur le papier. Il y a là une idée que je crois féconde, et dont la réalisation rendrait les plus grands services à tous les ouvriers qui cherchent à employer utilement leurs économies et voudraient le faire avec une certaine sécurité. Vous le voyez, il reste beaucoup de réformes sociales à accomplir. Nous pouvons le dire, nous ne sommes pas dans le meilleur des mondes, Le cycle du progrès est à peine ouvert.

Nous ne sommes pas égalitaires au sens où l'entendent les adeptes de la révolution russe. Tout est chimère dans cet ordre en dehors de l'égalité prêchée par l'Evangile. Et il n'y a que ce qui découlera de ces principes qui pourra en être réalisé dans la vie sociale. C'est sur ces principes que nous nous appuyons pour ne réclamer aucun privilège de naissance ou de caste. Ce que nous devons souhaiter c'est l'utilisation rationnelle des aptitudes et des compétences, c'est la possibilité pour les plus intelligents et les meilleurs, de quelque milieu qu'ils sortent, de se consacrer davantage à l'affranchissement de leurs frères moins favorisés.

Ayons le courage de nous placer résolument du côté de ceux qui réclament plus de justice, et plus de bonheur pour tous. Ne laissons pas accaparer par un parti la poursuite des revendications de la classe ouvrière. Faisons voir que le socialisme matérialiste n'est pas qualifié pour soutenir ces revendications. Le socialisme ne peut consacrer que le triomphe de la force. Il n'est pas logique avec lui-même quand il réclame de la justice. Tout ce que sa doctrine contient d'idéalisme, il nous l'a simplement dérobé. Que n'ai-je le temps de vous le montrer !

Dégageons de notre **catholicisme** tout ce qu'il contient.

Ce n'est pas plus de justice que nous en dégagerons, mais la justice intégrale.

Réfutons cette objection stupide que nous n'avons pas de programme social, que nous ne travaillons que pour le ciel. Rappelons la parole de Montesquieu. Il dit que « paraissant n'avoir en vue que le bonheur de l'autre vie, la religion catholique fait cependant notre bonheur en celle-ci. » Le bonheur de cette vie, nous ne pouvons le donner au peuple que parce que nous avons un programme d'action sociale nettement défini. Ne craignons pas de dire que si nous ne sommes pas socialistes — ce terme désigne aujourd'hui des hommes qui poursuivent quelques fins qui peuvent nous être communes et d'autres que nous combattons — nous sommes cependant résolument sociaux, c'est-à-dire épris de toute notre âme de justice sociale.

Le courage social dont je vous demande de faire preuve consistera d'abord à proclamer hautement ces vérités, à prendre toujours nettement parti pour le juste, — sans cependant jamais faire de surenchère. laissons cela aux démagogues qui ne recherchent que leurs intérêts — à dire avec franchise aux ouvriers et aux patrons la vérité tout entière. Il se pourra que cette attitude loyale nous desserve d'abord. N'ayons pas peur. La vérité fera son chemin, elle triomphera. Tôt ou tard on nous rendra justtce, et nous aurons eu le beau rôle.

Nous nous heurterons d'abord à des égoïsmes contraires. Les ouvriers se plaindront que nous ne leur accordons pas assez. A leur tour, les chefs soutiendront que nous faisons trop large la part de la démocratie. Laissons dire. Ne nous écartons pas des enseignements de l'Eglise. Cela seul importe. A l'épreuve, ce sont nos doctrines qui auront raison.

Le courage ce sera la volonté inébranlable de faire tout notre devoir, quoi qu'il arrive. malgré, cela va sans dire, l'opposition violente de nos adversaires, et quelquefois aussi, ce qui nous coûtera davantage, malgré l'opposition de nos amis. Nous courrons le risque de n'être pas toujours compris, d'être blâmé par ceux que nous aimons, d'être soutenu des applaudissements de ceux dont nous combattons les doctrines. Ces heures seront pour nous parmi les plus douloureuses. Elles ne nous trouveront pas hésitants. A-t-on le droit d'hésiter, quand le devoir est clair, et quand il est certain ? Le devoir d'abord.

Nous sommes à la veille, sinon de révolution, dans le sens gros du mot, mais tout au moins de boulversements profonds dans l'ordre social. Personne ne peut refuser à cette heure le concours que la nation sollicite. Donnez-lui le vôtre, ce n'est pas parce qu'il sera moins bruyant qu'il sera moins fécond. Ce sont les impondérables qui décident souvent des destinées des peuples. Même quand les réformes sont justes il faut empêcher qu'on procède par secousses violentes, créatrices toujours de nouvelles injustices.

Pénétrez-vous bien, Mesdames, de l'importance des grands problèmes sociaux qui s'agitent devant les peuples, et inclinez ceux sur qui votre influence peut utilement s'exercer à les étudier avec équité et réalisme. Prévenons les haines. Accordons toutes les réformes sages. N'attendons pas qu'on nous les arrache de force. Et c'est peut-être ce courage social dont vous aurez donné l'exemple, qui nous aura fait faire, ainsi que le disait à la Chambre un orateur parlementaire « l'économie d'une révolution ».

III.

J'arrive enfin à une forme de courage dont personne ne peut se passer, la femme moins encore que l'homme. Vous n'avez pas toujours à faire état de courage religieux ou social ; c'est une question de circonstance et de situation. Vous pourriez en manquer sans en gravement souffrir personnellement. Votre action extérieure seule en serait diminuée. Mais du courage devant la destinée, il est impossible et il serait dangereux que vous n'en eussiez pas.

Pour vivre simplement, à plus forte raison pour tirer de sa vie toute la perfection qu'elle comporte, il faut posséder à un haut degré la vertu de force. Cette vertu, ne l'a pas qui veut. Quand on ne la porte pas en soi il faut aller la puiser à une source qui la produise. C'est à la philosophie qu'on a choisie qu'il faut d'ordinaire la demander. Il est bien sûr qu'à cet égard les philosophies sont de très inégale valeur. Soyons juste et reconnaissons par exemple que le stoïcisme n'est pas dépourvu d'une certaine noblesse. Les Marc-Aurèle, les Épictète, les Sénèque formés à cette école furent d'assez beaux spécimens d'humanité. Ils appartenaient à une élite et ils furent des exceptions. Pour supporter avec vaillance la douleur cette philosophie peut parfois suffire à des êtres supérieurement organisés, elle ne pourra jamais convenir à la foule. Et même les meilleurs, parmi ces illustres païens, ont laissé échapper des paroles d'amertume et de désenchantement qu'un chrétien, appuyé sur sa foi, n'aurait jamais prononcées. Le grand problème de la douleur, nous pouvons le dire sans risquer de démenti, n'est pleinement résolu que par le christianisme. Les philosophies simplement humaines sont impuissantes à nous expliquer l'origine et la fin de la douleur. Seul, le christianisme répond à ces questions. Par lui nous apprenons qu'une faute a précédé la douleur, et que la douleur la suit pour l'expier. La douleur n'a été créée que pour effacer la faute. Nous en acceptons alors le rôle purificateur et bienfaisant. Et nous ne sommes point surpris d'entendre Jésus s'écrier : « Bienheureux ceux qui souffrent. » Ce rôle divin de la douleur a été entrevu par tous les penseurs que le christianisme avait imprégnés de sa doctrine. Vous connaissez les beaux vers de Musset :

> « L'homme est un apprenti, la douleur est son Maître,
> Et nul ne se connaît tant qu'il n'a pas souffert. »

et sans doute aussi celui de V. de Laprade :

> « C'est par la croix surtout qu'il ressemble à son Dieu. »

Pour ceux qui croient, il peut y avoir de grandes douleurs, il n'y a jamais de désespoir. Ecoutez ce qu'écrit Châteaubriand dans le « Génie du Christianisme » :

« Heureux, trois et quatre fois heureux ceux qui croient! ils ne peuvent pleurer sans penser qu'ils touchent à la fin de leurs larmes. » Et chez un écrivain du siècle dernier qui ne pratiquait guère, je retrouve ces lignes : « Dans les grandes crises de la vie, la philosophie n'est d'aucun secours; la religion seule nous enseigne à souffrir. Qu'est-ce que d'ailleurs la force et le courage qui ne nous viennent pas du ciel? Une question de tempérament; le chêne résiste et l'arbuste est brisé. »

Mais cette foi qui communique tant de force aux âmes dans l'épreuve, c'est la vôtre, Mesdames, et si jusque-là vous n'en avez pas éprouvé les merveilleux effet, c'est qu'elle ne commande pas assez toute votre vie, et qu'elle est dans votre âme plus en surface qu'en profondeur. Il ne suffit pas de savoir où se trouve la source du courage il faut s'y abreuver.

C'est encore votre foi qui va vous apprendre que la douleur ne dépassera jamais vos forces. Un chrétien ne plie jamais sous le faix de l'épreuve. Contre elle, il dispose d'une force divine. Comment pourrait-il succomber?

Faisant dériver de votre foi la source principale du courage, il ne vous est pas interdit de recourir aux moyens humains qui peuvent l'accroître. Pour vous distraire de la douleur, adonnez-vous davantage à l'action. Il n'est pas bon de trop regarder son mal. Méprisez un peu la souffrance. C'est parce que vous lui faite trop de place qu'elle devient plus envahissante. A quoi bon larmoyer toujours! Ecartez aussi l'image des douleurs futures. Ah! qu'il est stérile de souffrir pour des maux qui souvent n'auront jamais existé que dans notre imagination. Qui sait de quoi demain sera fait! A chaque jour suffit sa peine... C'est l'Evangile qui parle de la sorte. — Et c'est une maxime de la plus haute sagesse.

Oui, je le reconnais, plus que l'homme vous avez besoin de courage. Il semble que la douleur soit un de vos privilèges. Depuis le jour où le Créateur a dit à Ève : « Tu enfanteras dans la douleur... » la souffrance est devenue votre lot. Ne cherchez pas à vous soustraire à l'ordre divin.

Si vous entrez dans le mariage, acceptez de payer par de la souffrance la joie d'être mère. Ne reculez pas surtout devant les multiples maternités. C'est au nom de votre foi que je vous le demande d'abord, dans laquelle vous ne pouvez plus vivre tranquille si vous violez cette loi sainte... Et c'est au nom de la France qui est condamnée à périr dans un avenir rapproché si nous ne combattons pas ce mal grave de la dépopulation... La stérilité volontaire est un crime et elle procède d'un manque de courage devant la vie.

Elever vos enfants, c'est presque les enfanter une seconde fois. Et dans bien des cas ce second enfantement est plus douloureux que le premier. Il faudra que vous ayez le courage de les faire pleurer quelquefois tout petits, pour ne pas pleurer vous-mêmes des larmes de sang quand ils auront grandi. — Qu'elles sont rares les mères qui ont ce courage ! Et ce sont les seules qui savent vraiment aimer. — L'amour maternel, quand il est faible, est indigne de la mission qui lui est confiée.

Du courage devant la vie il vous en faudra encore si la fortune vous abandonne. Personne ici-bas n'est sûr de conserver une situation aquise. Si nous voulons moins souffrir de la perte des biens n'y attachons pas trop notre cœur. La fortune est capricieuse, ses faveurs sont incertaines, ne les recherchons pas. Au sein du luxe, dans l'aisance modeste ou dans la pauvreté, restons pareils. Si nous tenons notre âme au-dessus des biens, nous ne souffrirons pas plus de leur perte que leur possession ne fera notre joie. L'adversité est une grande école de courage ; si Dieu le permet ne redoutons pas d'en recevoir les leçons.

C'est encore dans les trahisons de l'amitié ou dans d'autres défaillances plus graves qu'il faudra donner des preuves de votre courage. Je songe en ce moment à un roman d'Henry Bordeaux. Il est des heures dans la vie où il faut savoir pleurer en silence. Les larmes sont un ciment merveilleux pour réunir les pierres du foyer qui menaçaient de se disjoindre. L'abnégation est souvent un acte de très haut courage. Elle suppose une très grande force d'âme.

Et en mille autres circonstances encore, devant la mort des vôtres, devant les malheurs qui les frapperont, vous aurez besoin de courage. C'est tous les jours que vous aurez à en fournir quelque preuve... Laissez-moi vous rappeler une parole de nos saints livres : « Celui qui est fidèle dans les petites choses le sera dans les grandes. » Rien n'est plus vrai ; les petites capitulations de la conscience préparent aux grands crimes, tout comme la fermeté devant les douleurs quotidiennes nous rend un jour capable de tous les héroïsmes... Faites cette seconde expérience, je vous assure d'avance des plus magnifiques résultats.

C'est à cette condition que vous pourrez être toutes des professeurs d'énergie, et relever autour de vous les volontés défaillantes. Il y a trop de gens qui pleurent sans raison, trop de lâches, trop de découragés, prêchez par votre exemple la sérénité, la force, la confiance, vous ferez une œuvre belle et féconde. Sur les champs de bataille de la vie, la victoire est à ceux qui ne doutent pas. Rappelons-nous la parole du grand maréchal qui a victorieusement terminé la guerre : « On n'est vaincu que quand on veut l'être. » Il ne faut donc jamais s'avouer vaincu. Croyez toutes à la victoire sur le mal, semez partout de l'optimisme, de la foi, du courage... Les forces morales sont irrésistibles. Plus que nos canons, c'est la force morale de nos grands chefs et de nos soldats qui a gagné la guerre. C'est votre courage qui contribuera à donner à notre pays la paix religieuse et sociale dont il a besoin pour reprendre le cours de ses glorieuses destinées.

IMPRIMERIE DE L'UNION TYPOGRAPHIQUE. — DOMOIS-DIJON

DU MÊME AUTEUR

Brunetière. Du Pessimisme à la Foi catholique. Étude . . . . 1 fr. 00

La Patrie. Discours prononcé à une cérémonie patriotique . . . . 0 fr. 50

L'Éducation sociale de la Jeune Fille. Conférence . . . . 0 fr. 50

Les Enseignements de la Guerre. Conférence . . . . 0 fr. 50

Le Rôle de la Femme dans la Société française. Conférence . . . . 0 fr. 50

www.ingramcontent.com/pod-product-compliance
Lightning Source LLC
LaVergne TN
LVHW020512060726
842525LV00005B/1925